AF229984

# ASSOCIATION

## POUR

# L'ÉMANCIPATION

## POLITIQUE.

**LILLE,**
IMPRIMERIE DE REBOUX-LEROY.
1833.

# ASSOCIATION

## POUR

# L'ÉMANCIPATION

## POLITIQUE.

—

L'association que nous annonçons n'est point une œuvre de parti; elle est, au contraire, dirigée contre l'esprit de parti, qu'elle tend à détruire. En respectant les hommes et leurs opinions individuelles, nous ne voulons que briser le joug odieux qui, depuis quarante ans, pèse sur la France, courbée sous la domination d'une nouvelle noblesse politique; nous venons réclamer les droits dont nos pères ont été possesseurs, dont ils nous ont transmis le légitime héritage et qui nous ont été ravis pour passer aux mains des hommes de la caste électorale, aristocratie nouvelle, qui peut disposer à son gré de notre vie, de nos biens, de nos enfans, de notre-liberté. Tous ceux en qui vit le souvenir de nos anciennes franchises, quiconque s'indigne d'être esclave, tout esprit généreux qui a l'horreur d'une humiliante servitude et le sentiment de la dignité de l'homme et du citoyen, doivent rougir en voyant l'état de dégradation dans lequel nous sommes tombés à la suite d'une usurpation de nos droits qui a rendu à la France les dures lois de la conquête.

En effet, il existe parmi nous une féodalité nouvelle, plus humiliante que l'ancienne, car celle des temps passés était fondée sur une réciprocité de services, tandis que la féodalité d'aujourd'hui se compose de sacrifices faits par trente-deux millions d'individus au profit de cent mille maîtres qui ne leur apportent ni protection, ni repos, ni bonheur.

Alors que soixante électeurs dans un arrondissement peuvent nommer un député ; que soixante mille, dans toute la France, peuvent former la représentation, que tous les avantages sociaux, faveurs, grâces, emplois, rétributions , admissions , sont devenus la propriété exclusive d'une minorité électorale ; la liberté , la propriété et les personnes n'ont plus de garanties ; l'or qui nous est demandé peut alimenter la corruption ; la force matérielle , les moyens ·d'ordre .eux - mêmes servent à resserrer les liens de notre servitude ; la société ne s'appartient plus ; c'est un esclave soumis à des maîtres impitoyables, et contraint de forger lui-même ses fers. ;

Nous ne pouvons avoir oublié , cependant , que ces droits politiques qui , s'étendant d'âge en âge par la loi des progrès , avaient fini par embrasser l'universalité des associations communales et la généralité des citoyens français , ont été notre patrimoine et qu'ils le sont encore par un titre que rien n'a pu abolir. Ces droits sont à nous comme ce nom de Français que nous portons, comme l'air que nous respirons, comme le sol que nous habitons.

Il y a quarante - quatre ans que tous les citoyens français domiciliés et jouissant de leurs droits civils furent appelés dans leurs

communes à émettre leurs vœux et à former
la représentation nationale. Ce droit n'était
pas nouveau ; il résultait d'un droit antérieur,
remontant par dégrés et accroissemens successifs jusqu'à l'origine de la nation fran-
çaise. L'assemblée constituante elle - même
respecta cette possession dans les individus;
seulement elle en modifia les conditions et se
permit, très-indûment, d'attenter aux droits
et à l'indépendance des communes en leur
ôtant le vote local pour le transporter aux
cantons. Comment s'est-il fait que nous ayons
rétrogradé dans les voies de la liberté politique ? Pourquoi cet ilotisme d'une popula-
tion, libre il n'y a pas encore un demi-
siècle ? A quoi ont servi tant de malheurs,
d'expériences, de vicissitudes, de discussions,
de théories et de lumières répandues sur le
sol de la France ! Nous sommes donc moins
éclairés que les Français de Louis XII ?
Nous sommes devenus barbares depuis que
nos pères, au nombre de six millions d'hommes, se réunirent sous Louis XVI en assemblées électorales. Il ne manquait plus à nos

maîtres, après nous avoir dépouillés, que de nous insulter et nous humilier par une accusation d'ignorance.

Ils voulaient, disaient-ils, abolir les privilèges, établir l'égalité politique, réhabiliter le tiers-état dans ses droits. Le tiers-état! quelle dérision! Qu'en ont-ils fait et à quoi l'ont-ils réduit? Le voilà sous les pieds d'une féodalité électorale, le voilà condamné à servir ses maîtres dans la milice, taillable et corvéable à volonté et merci, obligé d'aller là où il plaît au nouveau seigneur féodal; le voilà déclaré rustre, manant et vilain, incapable de se nommer un pauvre adjoint; le voilà exproprié de son champ pour l'utilité du maître, payant pour boire, payant pour voir le jour, payant pour respirer un peu d'air, payant pour avoir la permission de vivre, et, s'il raisonne, livré à la discrétion des gendarmes qui lui feront sentir les douceurs de la hart Oh! oui, vraiment, il a été bien récompensé de sa confiance et de sa docilité, le tiers-état, qui croyait que tout cela se faisait pour lui ! le voilà soumis à une féodalité plus dure, plus égoïste, plus pesante que celle du dixième siècle.

C'est pour faire cesser un tel état d'asservissement par des voies régulières et toutes légales ; qu'une association d'*émancipation politique* et de *réforme parlementaire* s'est formée sous la protection des lois et des jurys nationaux.

Contribuables de toutes les classes, nous n'avons pas oublié nos devoirs envers la patrie, mais aussi nous connaissons nos droits, et c'est par l'exercice de ceux-ci que nous remplirons les premiers avec amour et dévouement. Tributaires inpatiens des factions, on nous verra faire à l'intérêt général et au principe d'ordre tous les sacrifices nécessaires pour soutenir la gloire, l'indépendance et la dignité de notre pays.

# *Organisation*

## ET

## PRINCIPES

### DE

## L'ASSOCIATION.

---

1.° L'Association se forme par l'inscription, sur des listes ouvertes dans toute la France, de tous les citoyens inscrits au rôle des contributions directes

2.° Il y a pour l'Association 20 grands comités ; sous la direction de ces comités se formeront 86 comités de départemens qui organiseront selon les localités les comités cantonnaux.

3.° Les Comités seront chargés :

De recevoir les adhésions à l'Association.

De recueillir tous les documens et les faits propres à éclairer le pays sur les abus du monopole et de la centralisation, et de constater les résultats des élections · d'après le système restrictif établi par les chartes de 1814 et de 1830.

De propager et de répandre des écrits propres à faire connaître le but de l'Association et à éclairer les français sur leurs droits et leurs devoirs ;

4.° Les Comités correspondront entre eux sur tout ce qui peut intéresser l'Association , et dans le but de faire connaître par la voie de la presse et de la tribune les réclamations et pétitions contre le monopole électoral et en faveur des six millions de contribuables, contre le serment et la centralisation.

5.° Ils feront tous les réglemens d'organisation et prendront les mesures qui peuvent concourir au but de l'Association selon les localités.

6.º Chaque associé s'engage à s'efforcer, par tous les moyens légaux, d'obtenir une représentation nationale, formée par l'assemblée de six millions de contribuables, votant dans leurs communes.

# DÉCLARATION.

« Les soussignés, pénétrés de la nécessité de mettre un terme aux maux de la patrie, considérant qu'il est de principe fondamental et reconnu en France, comme règle du droit public, que la représentation nationale doit être formée, ainsi que cela eut lieu sous Louis XVI, par le concours de tous les Français inscrits au rôle des contributions, votant dans les communes ;

Que ce n'est que par surprise, par la fraude, et ensuite par la violence des partis, que ces droits, inaliénables et imprescriptibles, ont pû être enlevés à la grande majorité des Français, et transportés à une minorité ;

Que le résultat de cette opération a été de

soumettre la masse des électeurs à l'arbitraire d'un petit nombre de privilégiés, qui ne tiennent leur titre que de lois de monopole faites par eux ;

Considérant qu'une des conséquences de cette usurpation et de cette violation a été de créer de n uvelles entraves en imposant des sermens contraires à la liberté de conscience et à la liberté politique.

Que le serment imposé aux électeurs est une violence faite à leur indépendance, une usurpation de leurs franchises, un outrage à leur caractère, un préjudice causé à la nation qu'il prive des lumières et du concours d'un grand nombre d'électeurs ;

Considérant que déjà la charte de 1830 a été plusieurs fois violée, et que les garanties de la liberté individuelle, de la propriété, de la justice, et de l'égalité devant la loi, ont été méconnues ;

Considérant que par suite de ces usurpa-

2

tions de droits, violation de principes, sous-
tractions de garanties et immunités, sont ré-
sultés pour le pays des maux sans nombre, et
pour les populations des charges et des excès
intolérables ;

Que les recettes et les dépenses n'étant plus
votées par les députés de tous les contribuables, se sont élevées hors de proportion avec
leurs facultés ;

Que la dette publique s'est progressivement
accrue par des emprunts successifs, et a dé-
passé depuis long-temps le taux qu'indi-
quaient une sage économie, et une adminis-
tration régulière ;

Qu'un déficit considérable dans les finan-
ces compromet le crédit public, et menace les
contribuables de nouvelles charges, quoique
celles qui pèsent déjà sur eux soient exorbi-
tantes ;

Que les propriétés de l'État ont été et sont
chaque jour aliénées, en vertu des lois qui

n'ont pas été sanctionnées par le vœu général de la nation ;

Qu'au système de privilége et de monopole s'est joint un système de centralisation qui a enlevé aux communes et aux départemens la connaissance et la délibération de leurs intérêts par les délégués de leur choix ;

Que le vote des contributions locales, de même que celui des impositions générales , est ainsi enlevé aux véritables intéressés , et est devenu le privilége de quelques-uns, au détriment de tous.

Par tous ces motifs , et afin de remédier aux maux de la France, qui, faute du concours de tous ses enfans , est depuis quarante-trois ans le jouet des partis et des ambitions individuelles ;

Animés des sentimens les plus purs et des vues les plus désintéressées , prenant Dieu à témoin que notre seul but est de rendre à la France les droits et les libertés qui lui ont été ravis, confians dans la sagesse , l'honneur et la loyauté de cette nation ;

Déclarons nous associer pour détruire, par toutes les voies nationales, le serment, le monopole, la centralisation administrative ;

Chaque associé s'engage à s'efforcer d'obtenir un système électoral qui appelle tous les Français à la représentation et à la défense des intérêts généraux du pays ;

Il s'engage, en outre, à seconder le but de l'Association par son influence personnelle, en combattant les idées de réaction, dans quelque sens que ce soit ;

En entrant dans l'association, il contracte l'engagement de faire prévaloir les idées françaises, de diriger ses efforts intellectuels vers les moyens d'amélioration, de gloire et de grandeur, selon l'esprit français, et dans l'intérêt de l'honneur, de la dignité et de l'indépendance du pays ;

L'association ne se proposant que des voies régulières, toutes fondées sur l'usage des droits et des libertés, garantis par les lois, *s'inter-*

*dit formellement le recours aux armes, aux conspirations et à la guerre civile;*

Les membres de l'association, tout en combattant par les moyens légaux le monopole et la centralisation, s'engagent à maintenir de tout leur pouvoir, l'unité, l'intégrité et l'indivisibilité de la France, non-seulement contre l'esprit fédératif et les factions, mais encore contre l'étranger, promettant d'employer leurs bras, leur fortune et leur vie pour s'opposer au morcellement du territoire;

Les citoyens qui en feront partie s'opposeront également, et par la même voie, au vote secret, comme blessant l'honneur français, et donnant aux factions la faculté de dénaturer et fausser un acte de patriotisme, de loyauté et de vérité;

Le refus de l'impôt étant consacré par les actes solennels des assemblées nationales comme la seule barrière à opposer en cas de violation des lois protectrices de la liberté, l'association déclare qu'en s'interdisant toutes voies de violence, elle entend se réserver la résistance par le refus de l'impôt à toute entreprise qui serait tentée contre les droits de la nation et à toute violence de ses libertés.

Les Associés s'engagent, dans le cas où il y aurait nécessité de recourir aux voies légales de résistance, à se secourir mutuellement de leur fortune, de leurs lumières et de leur énergie, soit pour le recours à porter devant les tribunaux, soit pour arrêter l'effet des poursuites, soit pour maintenir les droits des citoyens contre la violence et l'arbitraire par un recours régulier à la justice du pays. »